Inhalt

Kann das Controlling mit "Value at Risk" sein Risiko messen?

Kernthesen

Beitrag

Fallbeispiele

Weiterführende Literatur

Impressum

Kann das Controlling mit "Value at Risk" sein Risiko messen?

M. Westphal

Kernthesen

- Auch Industrie- und Dienstleistungsunternehmen müssen in ihrem Controlling Risikomessungen berücksichtigen.
- Das Value-at-Risk-Modell stellt ein Instrument zur Risikomessung dar.
- Das VAR-Modell lässt sich in Industrie und Handel nicht problemlos implementieren.
- Im Finanzsektor ist VAR schon ein weitverbreitetes Tool.

Beitrag

Auch Industrie- und Dienstleistungsunternehmen müssen in ihrem Controlling Risikomessungen berücksichtigen

In deutschen Unternehmen hat die Bedeutung des Risikomanagements in den letzten Jahren sprunghaft an Bedeutung gewonnen. Dieses liegt zum einen an dem Ruf nach mehr Verantwortung und Kontrolle im Unternehmen (Corporate Governance), zum anderen an zahlreichen Unternehmensrisiken, die zur Einführung des KonTraG (Gesetz zur Kontrolle und Transparenz im Unternehmen) geführt haben. [1]

Eine der grundlegenden Funktionen der Unternehmensführung ist der Umgang mit Risiko. Vor dem Aufkommen von KonTtraG, Basel II und dem Sarbanes-Oxley-Act waren Risikomanagement-Systeme eine betriebswirtschaftliche "Kür". Inzwischen sind sie Teil eines Pflichtprogramms. Das Risikomanagementsystem ist inzwischen Gegenstand der Abschlussprüfung und wird auch auf Hauptversammlungen thematisiert. [2]
Seit Basel II ist auch der Zugang zu Fremdkapital

durch die Qualität des Risikomanagements beeinflusst. (2)
So kam schon früh die Forderung nach einer Spitzenkennzahl der Gesamtrisikoposition eines Unternehmens auf. (2)

Für Industrieunternehmungen steht ein etabliertes und erprobtes Verfahren zur umfassenden risikobezogenen Informationsversorgung aber noch aus. Im finanzwirtschaftlichen Bereich sowohl bei Banken als auch bei Industrieunternehmen stellt der Value at Risk-Ansatz (VAR) ein etabliertes Instrument zur Risikobewertung dar.

Das VAR-Modell hat eine besondere Bedeutung im Rahmen der Risikomessung, die darin zu sehen ist, dass es prinzipiell eine simultane Berücksichtigung mehrerer relevanter, unsicherer Einflussgrößen erlaubt und damit die Messung des aus deren Gesamtheit resultierenden Risikos sowie dessen Ausdruck in einer einzigen Zahl. (3)

Allerdings stößt dieser Ansatz bei der Bewertung leistungswirtschaftlicher Risiken an seine Grenzen, so dass bei deren Ermittlung weitere Bewertungsverfahren entwickelt werden müssen.
In Unternehmen besteht das Datenfundament für die Risikomodelle aus vorhandenen Stromgrößen wie EBIT. Anhand der verschiedenen Risiko-Modelle soll

die kurz- bis mittelfristige Liquidität eines Unternehmens auf Basis dieser Größen zukunftsorientiert simuliert werden. Diese Werte stellen dann eine Ergänzung zu den vergangenheitsbezogenen Daten der Finanz- und Ertragslage eines Unternehmens dar. Den ex post ermittelten Kennzahlen werden dann die kurz- bis mittelfristigen geschätzten zukünftigen Einnahmen und Ausgaben gegenübergestellt. (4)
Unternehmen denken in der Regel in Cash Flows und nicht in Barwerten. Das VAR-Modell wurde für Kreditinsitute entwickelt und kann nur zu Barwerten aggregierte Cash Flows verarbeiten. (4)
Eine Übertragung des VAR-Modells auf Unternehmen aus dem Nichtfinanzbereich bzw. auf deren nicht-finanzwirtschftlich orientierte Funktionen stellt der Cash Flow at Risk dar, der als Ansatz zur unternehmensweiten Risikomessung und steuerung gesehen werden kann und im Weiteren noch vorgestellt wird. (3)

Das Value-at-Risk-Modell stellt ein Instrument zur Risikomessung dar

Der Value at Risk-Ansatz (VAR; frei übersetzt auch: Wert, der auf dem Spiel steht) stellt inzwischen eine der wesentlichen Grundlagen für die Erfassung,

Steuerung, Prognose und Kontrolle bestimmter geschäftsbezogener Risiken im Unternehmen dar. Diese Messgröße stammt aus der Bewertung von Marktrisiken in Handelsportfolios und wird als VAR definiert, also der geschätzte maximale in Währungseinheiten gemessene Wertverlust, der unter üblichen Marktbedingungen, innerhalb eines festgelegten Zeitraums, mit einer bestimmten Wahrscheinlichkeit (dem sogenannten Konfidenzniveau) eintreten kann bzw. nicht überschritten werden darf. (2)
Der Vorteil liegt in der Ermittlung eines monetären Wertes und nicht in der einer Standardabweichung, eines Betas, oder ähnlicher Kennzahlen.
Aus Sicht des Risikomanagements ist der VAR der monetäre Wert, der wenigstens als Jahresüberschuss erzielt werden muss, um in z. B. 95 Prozent aller Fälle alle denkbaren Risiko-Szenarien abzudecken. (2)

Finanzentscheider in deutschen Unternehmen versuchen die Finanzrisiken für ihr Unternehmen beherrschbar zu machen.
Die Risikobewertung ermittelt Eintrittswahrscheinlichkeiten und aggregiert die Einzelrisiken zu einem Gesamtrisiko, woraus sich dann das Risikoportfolio ergibt. Hierfür wird häufig die kurzfristige Risikomaßgröße Value at Risk herangezogen. (1)
Allerdings scheitert die Umsetzung dieser Messgröße

in Industrie- und Handelsunternehmen noch daran, dass Marktwerte kaum vorhanden sind und der Planungshorizont weniger kurzfristig ist. So werden Liquiditätsrisiken anhand den Veränderungen des Cash Flow beurteilt wie auch der Größe Cash Flow at Risk. Bei im Finanzbereich gut aufgestellten Mittelständlern gibt es Kennzahlen, die erreicht werden müssen, so z. B. "Cash Flow vom Umsatz per annum". (1)

In der Praxis werden die risikopolitischen Entscheidungen in einem Unternehmen einer laufenden Überwachung unterworfen mit Reporting und Dokumentation. So wird für den Vorstand ein monatlicher Risk Report erstellt, der in Abhängigkeit von der Geschäftstätigkeit teilweise sogar mit täglichem Value at Risk ausgewiesen wird.
Das Financial Risk Management hat sich in Unternehmen inzwischen eine bedeutende Rolle erarbeitet, da es häufig vom Vorstand auf die erste Führungsebene delegiert wird zusammen mit Treasury, Controlling und Accounting. So kann ein Financial Risk Manager im Eskalationsfall direkt auf den Vorstand zugreifen, unter Umgehung des eigentlichen Vorgesetzten. (1)

Der VAR lässt sich grundsätzlich mit drei Verfahren berechnen:- **Varianz-Kovarianz-Ansatz** als analytisches Verfahren unter der Annahme, dass alle

Risikofaktoren normalverteilt sind- Die **Monte-Carlo-Simulation** verzichtet auf restriktive Verteilungsannahmen. Allerdings ist so eine Berechnung der Ergebnisverteilung i. d. R. nicht möglich.- Die **historische Simulation** bedient sich den in der Vergangenheit realisierten Ausprägungen der Risikofaktoren und setzt sie in die Ergebnisfunktion ein. (3)

Die Anwendung des VAR-Ansatzes setzt im Betrachtungszeitraum / -punkt bereits fixierte Zahlungsströme voraus, deren Werte anhand von Marktpreisen bestimmbar sind. (2)
Die VAR-Methode weist eine methodische Offenheit auf, die sie sehr flexibel und damit für die Bewertung einer Vielzahl von Markt- und Unternehmensrisiken geeignet erscheinen lässt. Die Vergleichbarkeit dieser Daten innerhalb eines Unternehmens ist unter der Voraussetzung gleicher Konfidenzintervalle und Zeithorizonte gegeben. (2)

Das VAR-Modell lässt sich in Industrie und Handel nicht problemlos implementieren

Das wesentliche Problem der Implementierung des

VAR-Ansatzes in Industrie-, Handels- und Dienstleistungsunternehmen liegt darin begründet, dass über die finanziellen Ansprüche und Verpflichtungen nur ein Teil der relevanten risikobehafteten Zahlungen erfasst wird. Es gibt weitere wichtige Zahlungen, die dagegen aus realwirtschaftlichen Vorgängen resultieren, die erst später zu Zahlungsansprüchen bzw. Zahlungsverpflichtungen führen. So sind auch aktuelle Werte der Realgüter wie Produktionsanlagen und Fabrikgebäude, die diese realwirtschaftlichen Vorgänge generieren, schwer zu ermitteln. Die aus diesen Aktiva resultierenden zukünftigen Zahlungsströme sind nicht vertraglich geregelt und daher nur ungenau bestimmt bzw. prognostizierbar. Das Problem innerhalb des VAR-Modells besteht nun darin, dass ohne den Wert der Einzelposition bzw. des Portfolios der maximale Wertverlust nicht berechnet werden kann. Daraus ergibt sich, dass bei Industrie- und Handelsunternehmen eine VAR-Berechnung lediglich für Treasury, nicht aber für das Gesamtunternehmen möglich ist. [(2)]

Der VAR-Ansatz wurde auf die betrieblichen Cash Flows ausgeweitet, um diesen Umständen Rechnung zu tragen. So wird im Cash-Flow-at-Risk-Ansatz (CFaR) das Risiko von einer Abweichung der kumulierten Cash Flows von den geplanten bzw. erwarteten kumulierten Cash Flows quantifiziert. Von der Systematik her sind beide Systeme identisch, der Verlust an Cash Flow ist mit der Wahrscheinlichkeit des Konfidenzniveaus nicht größer als der erreichbare CFaR. (2)

Die Unternehmenssteuerung kann sich alternativ auch im Rahmen der Risikodefinition weitere Stromgrößen wie EBIT heranziehen. Aber trotz allem sind nicht-finanzielle Risiken nicht mit dem CFaR-Ansatz erfassbar und damit kann eine Gesamtrisikoposition eines Industrie-Unternehmens nicht ermittelt werden. Problematisch sind in diesem Zusammenhang auch die langen Betrachtungszeiträume, die Stabilität der Modelle ist aufgrund der im Zeitablauf wesentlichen Veränderungen im Wettbewerbsumfeld nicht gewährleistet. (2)

Im Finanzsektor ist VAR schon ein weitverbreitetes Tool

Bisher ist das "Value at Risk"-Instrument ein zwar nicht ganz unumstrittener aber doch berechtigter Standard im Risiko Management von Banken. Da Banken ihr Kapital vermehrt in risikobehafteten Engagements einsetzen, ist dieses ein begründeter Ansatz, solange man sich auch der Mängel dieses

Modells bewusst ist. (5)

Der Kern dieses VAR-Modells ist die Risikomessung ausgehend von der Volatilität des Engagements. So werden nicht nur die Volatilitäten der Aktien eines Unternehmens berücksichtigt, sondern auch die Korrelationen mit anderen Aktien oder dem Gesamtmarkt-Index. Ziel der Berechnung ist die Ermittlung des Geldbetrages, den ein Unternehmen oder eine Bank im schlimmsten Falle verlieren kann. Eine Aussage, dass man zu einem bestimmten Termin mit 99%iger Wahrscheinlichkeit maximal 100 Millionen Euro verlieren kann,ist eine in den Chefetagen beliebte Aussage, da man sich unter einem solchen Betrag etwas Konkretes vorstellen kann. (5)
Diese Einfachheit birgt aber auch ihre Tücken, denn was heisst "mit 99%iger Wahrscheinlichkeit"? Durch das VAR-Modell wird zwar der Großteil der Ereignisse abgedeckt, der eigentliche "schlimmste Fall" ist aber gemäß VAR eben nicht der "schlimmste Fall", der in der Realität tatsächlich eintreffen kann. So sind Ereignisse wie ein Schließen des Bondmarktes wie 1998 geschehen, nicht berücksichtigt. Immerhin hat es damals den Hedge-Fund Long-Term Capital Management in die Knie gezwungen. Oder wie hoch ist der Verlust nach einem Ereignis wie dem 11.09.2001, als die Aktien an der Wall Street eine Woche lang nicht gehandelt wurden? Alle diese

Risiken wie auch das, dass die Gegenpartei bankrott geht, sind im VAR-Modell nicht berücksichtigt. (5)

Eine Sonderform des VAR-Modells ist das Credit Value at Risk (CVaR). So ist neben der reinen Bonitätseinstufung mittels eines Ratingsystems von Kreditkunden die Messung von Kreditrisiken durch das Credit Value at Risk-Modell getreten. Dieses ermittelt ein Maß für die Schätzung der potenziellen Abweichung von den erwarteten Ausfällen. Es hat durch die nachträgliche Rechtfertigung des Basel II Bonitätsgewichtsansatzes an Bedeutung gewonnen. Aufgrund dieser Tatsache werden in letzter Zeit CVaR-Konzepte für Risikoportfolios weiterentwickelt und auch von kommerziellen Anbietern vertreten. (6)

Fallbeispiele

Zwischen den Banken gibt es immense Unterschiede. So hat JP Morgan beispielsweise 100 Millionen US-Dollar an VAR, Merrill Lynch hingegen nur rund 50 Millionen US-Dollar. Aber die Berechnung von VAR ist auch von Bank zu Bank verschieden, weshalb diese Zahlen nicht eindeutig miteinander verglichen werden können. Nur innerhalb einer Bank können

Aussagen über die Entwicklung des Risikokapitals getroffen werden, sofern die Banken bei ihrer Berechnungsmethode bleiben. (5)

Weiterführende Literatur

(1) Financial Risk Management bei deutschen Mittelständlern Erkenntnisse einer qualitativen Marktforschungsstudie
aus Zeitschrift für das gesamte Kreditwesen Nr. 15 vom 01.08.2004 Seite 828

(2) Seiter, Mischa / Eckert, Sven, Value at Risk, Controlling, Heft 07/2004, S. 425-426
aus Zeitschrift für das gesamte Kreditwesen Nr. 15 vom 01.08.2004 Seite 828

(3) Winter, Peter, Cashflow at Risk als Instrument des industriellen Risikomanagements, Wirtschaftswissenschaftliches Studium, Heft 5/2004, S. 284-294
aus Zeitschrift für das gesamte Kreditwesen Nr. 15 vom 01.08.2004 Seite 828

(4) Verbesserte Kreditentscheidungen durch zukunftsgerichtete Liquiditätssimulation
aus RATING aktuell, Heft 4/2004, S. 48-52

(5) Ist Verlass auf "Value at Risk"? Mit Mängeln behaftetes Risikomodell setzt sich durch

aus Neue Zürcher Zeitung, 02.07.2004, Nr. 151, S. 31

(6) Kreditrisikomanagement in deutschen Banken - eine aktuelle Vertiefung einer früheren Studie
aus Zeitschrift für das gesamte Kreditwesen Nr. 15 vom 01.08.2004 Seite 822

Impressum

Kann das Controlling mit "Value at Risk" sein Risiko messen?

Bibliografische Information der deutschen Nationalbibliothek

Die Deutsche Nationalbibliothek verzeichnet diese Publikation in der deutschen Nationalbibliografie; detaillierte bibliografische Daten sind im Internet über http://dnb.d-nb.de abrufbar.

ISBN: 978-3-7379-0013-3

© 2015 GBI-Genios Deutsche Wirtschaftsdatenbank GmbH, Freischützstraße 96, 81927 München, www.genios.de

Alle Rechte vorbehalten. Dieses Werk ist einschließlich aller seiner Teile – z.B. Texte, Tabellen und Grafiken - urheberrechtlich geschützt. Jede Verwertung außerhalb der Grenzen des Urheberrechtsgesetzes bedarf der vorherigen Zustimmung des Verlags. Dies gilt insbesondere auch für auszugsweise Nachdrucke, fotomechanische Vervielfältigungen (Fotokopie/Mikroskopie), Übersetzungen, Auswertungen durch Datenbanken oder ähnliche Einrichtungen und die Einspeicherung und Verarbeitung in elektronischen Systemen.